# La vie de famille

de Jill Foran

**Weigl**

Publié par Weigl Educational Publishers Limited
6325-10th Street S.E.
Calgary, Alberta
Canada T2H 2Z9
Site web : www.weigl.ca

Catalogage avant publication de Bibliothèque et Archives Canada
Foran, Jill
    La vie de famille / Jill Foran ; traduction de Tanjah Karvonen.

(Le début de la colonie)
Comprend un index.
Traduction de: Family life.
ISBN 978-1-77071-419-9

Dans notre travail d'édition nous recevons le soutien financier du gouvernement du Canada par l'entremise du Fonds du livre du Canada.

    1. Famille--Canada--Histoire--Ouvrages pour la jeunesse.  2. Vie des pionniers--Canada--Ouvrages pour la jeunesse.  I. Karvonen, Tanjah  II. Title.  III. Series: Début de la colonie

FC85.F6714 2011          j306.850971          C2011-904585-0
Imprimé et relié aux États-Unis d'Amérique
1 2 3 4 5 6 7 8 9 0 15 14 13 12 11

072011
WEP040711

Coordonnatrice de projet
Tina Schwartzenberger

Conception
Janine Vangool

Mise en pages
Bryan Pezzi

Réviseure
Janice L. Redlin

Recherche de photos
Ellen Bryan

Traduction
Tanjah Karvonen

Générique photographique
Tous les efforts raisonnablement possibles ont été mis en œuvre pour déterminer la propriété du matériel protégé par les droits d'auteur et obtenir l'autorisation de le reproduire. N'hésitez pas à faire part à l'équipe de rédaction de toute erreur ou omission, ce qui permettra de corriger les futures éditions.

Ellen Bryan : 15T ; les Archives Glenbow : pages 1 (NA-2583-8), 4 (NA-2384-1), 7 (NA-3961-14), 9 (NA-1941-12), 23R (NA-2695-1) ; Fred Hultstrand Collection Histoire en Photos NDIRS-NDSU, Fargo : page 17 (2028.261) ; Minnesota Pioneer Park : pages 8, 11 ; Les Archives nationales du Canada : pages 3B (John Boyd/RD-000057), 5 (Edward Roper/C-011030), 6 (Alexander Henderson/PA-181769), 10 (PA-117285), 14T (Edward Roper/C-0013884), 14B (William George Richardson Hind/C-103003), 15B (Henry Buckton Laurence/C-041083), 18 (John Boyd/RD-000057), 23L (Philip J. Bainbrigge/C-011811) ; photocanada.com : page 12 ; photos.com : page 20 ; Courtoisie de Rogers Communications Inc : page 22 ; Tina Schwartzenberger : pages 3T, 13T, 13B, 19.

# Table des matières

# Introduction

Imaginez que vos tâches vous occupent toute la journée. Quand les pionniers s'établissaient au Canada, ils devaient travailler du lever au coucher du soleil. Dans les années 1700 et 1800, les pionniers venaient d'Europe et des États-Unis. Leur vie au Canada n'était pas facile. C'était seulement après avoir travaillé dur pendant plusieurs années que leur vie était plus confortable.

Il y avait peu d'arbres dans les prairies et les familles construisaient leurs maisons avec des plaques de gazon et de terre. La famille Aitkenhead a ainsi construit sa maison près de Naseby, en Saskatchewan.

*Pour pouvoir garder leur propriété ou **fermage**, les pionniers devaient construire une maison et semer des cultures sur une certaine partie de leur terre chaque année pendant trois ans.*

Au début, presque toutes les familles de pionniers avaient une ferme ou une propriété. An arrivant dans leur nouveau pays, la famille commençait à développer la ferme. Souvent, la famille était arrivée avec très peu de possessions. Tous les membres avaient des responsabilités. Tous, parents et enfants, travaillaient ensemble pour créer une ferme et une maison productives. Chacun avait plusieurs tâches.

## Saviez-vous que :

Au début du Canada, la maison d'un pionnier était souvent une cabine d'une pièce. On mangeait, on cuisinait, on faisait les tâches et on dormait à l'intérieur de cette cabine.

# Le travail du père

**D**ans la plupart des familles de pionniers, le père était le chef. C'est lui qui prenait les décisions importantes. Il décidait où la famille allait s'établir. Quand la famille avait finalement une terre, le père avait beaucoup de travail. Il fallait qu'il défriche, c'est-à-dire qu'il enlève les arbres et **les broussailles** avant de commencer le travail de fermier. Le défrichement était très difficile. Le père et les fils passaient de longues heures à couper les arbres avec leurs haches. Puis ils bâtissaient la maison et la grange avec ces arbres.

Quand ils étaient dans les bois, les colons devaient couper des centaines d'arbres et enlever les souches avant de commencer le travail agricole.

Les hommes allaient à la pêche non seulement pour pouvoir nourrir leur famille mais aussi pour se reposer avec leurs amis.

Une fois que la terre était défrichée, le père passait presque tout son temps à la cultiver. Il donnait à manger aux animaux de la ferme. Il plantait et récoltait les cultures. En plus, il passait aussi du temps à la chasse et à la pêche, pour nourrir la famille.

## Saviez-vous que :

Presque tous les hommes faisaient tous les meubles pour la maison de leur famille.

## Information de première main:

Un pionnier se souvient que son père travaillait très dur pour défricher la terre.

Dans les bois, il fallait couper, couper, abattre, abattre, toute la journée. Je me rappelle que mon père revenait à la cabane le soir et disait, « C'est dur, ma femme, c'est dur. » Il n'en disait pas plus long. Toute la journée, c'était coupe, coupe, coupe. En bas, en haut, en bas, en haut. Ça n'en finissait plus. Il est devenu très fort. Les lutteurs qu'on voit à la télé sont faibles comparés à lui. Ses muscles étaient bien découpés. Il se sentait en santé.

# Le travail de la mère

**L**a femme d'un pionnier travaillait tout autant que son mari. Au début du Canada, les femmes avaient plusieurs responsabilités et passaient de longues heures à s'occuper de leur famille. Elles préparaient tous les repas, nettoyaient la maison et s'occupaient des enfants. Elles faisaient aussi les vêtements et les couvertures de la famille. La maman tissait aussi les étoffes, filait la laine et cousait et raccommodait.

En plus des tâches de la maison, les femmes pionnières travaillaient aussi très dur sur la ferme. Elles aidaient à défricher la terre et à planter et récolter les cultures. Elles s'occupaient souvent des poules. Elles faisaient pousser des légumes dans de petits potagers (jardins) près de la maison. Presque tous ces légumes servaient aux repas de la famille.

*Les femmes pionnières filaient la laine des moutons pour l'utiliser pour tricoter des bas, des mitaines et des chandails.*

Les femmes des pionniers s'occupaient souvent des vaches. Il fallait les nourrir, les traire et faire du beurre avec le lait.

## Information de première main:

Dans ce récit, un pionnier se souvient que sa mère était très bonne pour le reste de la famille.

[Notre maison] était en bois rondin et le toit était fait de gazon en plaques, ce qui n'est pas très bon quand il pleut. Je ne me suis pas rendu compte avant d'être adulte de ce que notre mère a dû endurer, mais je sais que pendant les nuits de pluie elle devait s'asseoir et tenir des parapluies sur nos têtes pour nous empêcher d'être mouillés. Quand pouvait-elle dormir alors, Dieu seul le sait.

# Les tâches des enfants

**D**ans les premiers temps, les gens avaient de très grosses familles, quelquefois avec seize enfants. Tous, exceptés les bébés et les bambins, avaient des tâches à faire chaque jour. Ils avaient peu de temps pour jouer. Les garçons aidaient souvent leur père sur la ferme. Les plus vieux aidaient à défricher, à labourer les champs et à récolter les cultures. Ils aidaient aussi à construire des meubles, à chasser et à pêcher. Les plus jeunes aidaient à rassembler le bétail et à surveiller les cultures. Ils ramassaient aussi du bois de chauffage.

*Les jeunes garçons apprenaient à labourer les champs. Ceci les préparait à s'occuper de leurs propres fermes quand ils étaient adultes.*

## Saviez-vous que :

En plus de leurs tâches, les enfants les plus vieux devaient aussi faire leurs devoirs d'école. S'il y avait une école pas trop loin, les enfants pouvaient y aller. Mais dans plusieurs familles, c'est la maman qui devait enseigner aux enfants à lire et à écrire.

Le lavage des vêtements était difficile pour les femmes pionnières. Les vêtements devaient être frottés, essorés et suspendus sur une corde à linge pour sécher.

La plupart des filles dans les familles de pionniers aidaient leur mère avec les tâches de la maison. Les plus vieilles filaient la laine et aidaient avec la couture. Elles aidaient aussi à préparer la nourriture. Elles **barattaient** le beurre et ramassaient les œufs. Toutes jeunes encore, les petites filles apprenaient à tricoter. Elles donnaient à manger aux poules et mettaient la table avant les repas. Toutes les filles de la famille aidaient leur mère avec le lavage. Ce partage des tâches de la maison et de la ferme aidaient les enfants à pratiquer les habiletés dont ils auraient besoin plus tard.

## Information de première main:

Ici, un vieil homme pense à ses jours d'enfance sur une ferme de pionniers.

Ces jours lointains de mon enfance, on savait comment travailler. Mais on n'appelait pas ça du travail, ça faisait partie de nos vies. Je pense que j'avais à peine six ans quand j'ai délaissé mes jouets d'enfant. Même avant cinq ou six ans, nous avions des responsabilités dans la cour : chasser les poules couveuses pour qu'elles rentrent au poulailler, courir après les vaches avec Cojo, notre colley et donner les outils nécessaires à mon père quand il réparait un morceau de machinerie.

**11**

# Les outils de la maison

Les familles des pionniers n'avaient pas d'outils modernes pour faciliter leurs tâches. Il n'y avait pas de fours à micro-ondes, d'aspirateurs ou de tracteurs pour les aider. Mais les colons avaient des outils simples et utiles. Par exemple, les enfants faisaient des chandelles afin que la famille ait de la lumière au coucher du soleil. Voici quelques outils importants pour les familles de pionniers du début du Canada.

## Le foyer

Le foyer était un des outils les plus importants dans les maisons pionnières. Le foyer était souvent fait de pierres. Il était dans la cuisine, s'il y en avait une et avait une grande cheminée. Le foyer servait à cuisiner et à réchauffer la maison. Des chaudrons étaient suspendus au-dessus du feu par des barres de métal. À l'intérieur du foyer, des rondins brûlaient dans une grille de fer. Pendant l'hiver, le foyer était la seule source de chaleur de la maison. On veillait à ce que le feu ne s'éteigne jamais parce que, s'il s'éteignait, il serait très difficile de le rallumer.

## Les pédales de cardage et les rouets à filer

Plusieurs des premières familles faisaient leurs propres vêtements. Au début des années 1800, un des matériaux les plus communs pour les vêtements était la laine. Elle gardait la famille chaudement habillée pendant les rudes hivers canadiens. Pour transformer la laine en fil, les pionniers se servaient de pédales de cardage et d'un rouet. Le pédales de cardage séparaient la laine en morceaux et enlevaient le surplus de saleté. Ensuite, le rouet transformait les mèches de laine en fil. Le rouet tordait la laine et **le filateur** l'étirait pour lui donner l'épaisseur désirée.

## Les outils de la ferme

Les premiers pionniers avaient seulement les outils essentiels, une hache pour abattre les arbres et couper les rondins, une binette et une pelle pour creuser. Des chevaux ou des bœufs attelés à une charrue coupaient et retournaient la terre. Une faux, lame longue et légèrement courbe attachée à un long manche, servait à couper le grain ou le foin. Pour couper le grain, certains fermiers avaient une faucille, une lame courte et courbe attachée à un manche court. Presque tous les premiers outils étaient faits à la main. Au milieu des années 1800, les fermiers pouvaient acheter des outils manufacturés **(fabrication en série)** neufs, ce qui rendait leurs travaux plus faciles.

# Un an dans la vie

Les familles des pionniers travaillaient dur toute l'année. Tous les jours, elles devaient accomplir les tâches telles que cuisiner, nettoyer et nourrir les animaux de la ferme. Il y avait aussi des tâches spécifiques pour différentes périodes de l'année. Chaque saison amenait un nouvel ensemble de tâches pour les parents et les enfants. Voici un aperçu de ce que faisaient les familles pendant les saisons agricoles.

## Le printemps

Le printemps signalait le début d'une nouvelle saison agricole. Aussitôt la neige disparue et le sol sec, on commençait les activités. Les hommes passaient le printemps à labourer les champs et à planter de nouvelles cultures. Les femmes les aidaient et plantaient aussi des légumes dans le potager (le jardin de légumes). Tous les membres de la famille devaient travailler pour s'assurer que la ferme serait productive pendant les prochains mois.

## L'été

Pendant l'été, la famille coupait le foin et le faisait sécher. Cette tâche était longue et fatigante mais elle était importante. Il fallait être certain qu'il y aurait assez de foin pour les chevaux et les autres animaux pendant le reste de l'année. Mais la coupe du foin n'était pas la seule tâche de l'été. Les femmes et les filles s'occupaient du jardin et de la maison. Les hommes et les garçons s'occupaient des animaux et chassaient et pêchaient pour la nourriture. Les journées d'été étaient longues et la famille pouvait travailler à la lumière du jour.

# L'automne

L'automne était la saison la plus occupée de l'année. C'était la période où les familles devaient récolter le blé et leurs autres cultures pour avoir assez de nourriture pendant l'hiver. Toute la famille aidait aux récoltes. Les hommes traversaient les champs en faisant voler leurs faux ou faucilles et coupaient le blé. Les femmes suivaient en arrière d'eux et faisaient des balles de tiges de grain coupé qu'on appelle des gerbes. Quand le blé et les autres cultures étaient **récoltées**, la famille travaillait ensemble pour les préparer pour l'hiver. Les femmes mettaient les récoltes des champs et du potager **en conserve**. Les hommes **battaient** le blé pour que la famille ait assez de farine pour le reste de l'année.

# L'hiver

Presque partout au Canada, les mois d'hiver étaient très froids. Aussi les activités agricoles étaient moins intenses dans la plupart des familles pionnières. Les hommes du début de la colonie réparaient les outils, faisaient des meubles et coupaient du bois. Il fallait qu'il y ait assez de bois de chauffage pour garder la famille au chaud. Pendant l'hiver, les femmes étaient occupées à raccommoder le linge et à faire de nouveaux vêtements. Elles finissaient aussi les tâches qu'elles n'avaient pas pu faire pendant les mois d'automne. L'hiver était le meilleur temps de l'année pour les enfants. Il y avait moins de travail à faire, les enfants pouvaient passer un peu de temps à s'amuser. Ils jouaient dehors avec leurs toboggans, leurs patins à glace et avaient des combats de boules de neige.

# La solitude et les corvées de travail

La vie était assez solitaire pour les familles de pionniers au début du Canada. Quand les familles s'établissaient au pays, elles laissaient souvent derrière elles, dans leurs **terres natales**, des grands-parents, des tantes, des oncles et des cousins. Tous essayaient de garder le contact en envoyant des lettres à leur parenté. Ils décrivaient leurs aventures et leurs difficultés.

Pendant les premiers jours, les fermes étaient situées loin les unes des autres et des villages. Pour commencer, il y avait peu de voisins, mais quand des voisins arrivaient, on faisait un effort pour se rendre visite. Quelquefois, on s'entraidait avec les lourdes tâches. On travaillait ensemble pour construire de nouvelles maisons, pour **éplucher** le maïs et pour abattre les arbres. Ces rassemblements s'appelaient **des corvées**. Les adultes et les enfants les plus vieux participaient à ces corvées pendant que les plus jeunes jouaient aux alentours. Après avoir fini le travail, tout le monde était prêt à manger, à écouter de la musique et à danser. Ainsi, le travail qui aurait pris à une seule famille plusieurs mois d'ouvrage était fait par plusieurs personnes en une seule journée.

## Saviez-vous que :

Les corvées de travail étaient des événements sociaux. La famille qui recevait les autres travailleurs passait beaucoup de temps à préparer les repas pour les voisins qui venaient leur aider.

Les corvées de travail aidaient les pionniers à construire des communautés. Ils construisaient des maisons et des granges et cultivaient aussi des amitiés qui duraient plusieurs années.

## Information de première main:

Catharine Parr Trail était une pionnière bien connue au Canada. Elle a écrit plusieurs livres et des articles sur la vie dans la nature sauvage. Elle parle ici d'une corvée organisée pour construire une maison pour elle et son mari.

On était à la fin d'octobre et on n'avait pas encore levé les murs extérieurs de la maison. Nous avons décidé de demander de l'aide. Seize voisins ont répondu à l'appel. Même si la température n'était pas bonne, notre groupe avait travaillé si dur que les murs étaient bâtis. Le travail continuait... d'énormes morceaux de porc salé, des casseroles de patates, du riz au lait et une énorme miche de pain étaient de la fête pendant cette corvée.

# Les amusements des pionniers

**P**endant les premiers jours du Canada, il n'y avait pas beaucoup d'amusements, mais les pionniers s'amusaient tout en travaillant. Une façon de s'amuser était de participer à des corvées. Les enfants jouaient souvent tout en faisant leurs tâches pour qu'elles soient plus amusantes. Les petites filles comparaient qui pouvait carder la laine le plus vite. Les garçons faisaient des concours pour voir qui pouvait transporter le plus de bois.

Une fois les tâches terminées, tous se rassemblaient autour du foyer. Pendant les soirées, ils lisaient et racontaient des histoires. Les pères de famille s'assoyaient près du feu et **gossaient** des morceaux de bois pour en faire des jouets pour les jeunes enfants. Presque tous les jouets étaient faits à la main. Pendant les soirées d'hiver, les enfants jouaient avec des pions en bois ou faisaient une partie de dames. Pendant l'été, ils jouaient aux marbres ou à cache-cache dehors. Les parents prenaient aussi le temps de rendre visite à leurs amis et d'aller à des fêtes et des danses.

*Les enfants faisaient de leurs tâches des jeux amusants. Quand ils allaient chercher du bois (de chauffage) pour le poêle, cela devenait une joyeuse course.*

## Information de première main:

Dans ce récit, une pionnière se rappelle qu'elle voulait une poupée quand elle était petite. Plusieurs filles de pionniers possédaient des poupées faites à la maison.

*Pour un de mes anniversaires, je voulais une poupée et maman m'a fait une poupée de chiffon. Je voulais une belle poupée avec une face en porcelaine et des cheveux frisés et j'était très désappointée. J'ai jeté ma poupée dans la porcherie... Mon ingratitude a certainement fait pleurer maman. Je ne me rappelle pas d'avoir eu une vraie poupée.*

### Saviez-vous que :

Au long des années sur la ferme, les choses se sont améliorées pour la famille. Quand la ferme a produit beaucoup de cultures, la famille a pu construire une plus grande maison et avoir plus de temps libre.

# La vie de famille du passé et d'aujourd'hui

## Les tâches

Lesquelles des tâches ci-dessous concernaient les familles du présent et celles du passé ? Quelles tâches concernaient seulement les familles du début de la colonie ?

La vie de famille du début de la colonie était très différente de celle d'aujourd'hui. Les enfants d'aujourd'hui n'ont pas autant de tâches à faire que les enfants des pionniers avaient. Maintenant, on ne s'attend pas à ce que les enfants se lèvent avant le lever du soleil pour nourrir les animaux de la ferme ou rentrer du bois pour le feu. Les pères de famille n'ont plus besoin de faire les meubles pour la maison et les mères n'ont plus besoin d'un rouet. Tout le monde a maintenant plus de temps libre mais il y a encore des tâches à faire.

Faire son lit avant le déjeuner.

Rentrer le bois de chauffage à l'intérieur.

Aider à mettre les fruits, les légumes et la viande en conserve pour l'hiver.

Aider avec le lavage et la cuisine.

Couper du foin pour les animaux de ferme.

Les familles d'aujourd'hui n'ont pas besoin de travailler aussi dur que les familles de pionniers. Les familles d'aujourd'hui ont plus de temps libre pour des activités amusantes comme les pique-niques.

**PASSÉ**

## Les premières familles

- De très grosses familles, jusqu'à seize enfants
- Les familles avaient des tâches du lever jusqu'au coucher du soleil
- Certaines familles de pionniers vivaient dans des cabines d'une pièce
- La plupart des familles travaillaient sur la ferme
- Un grand foyer servait à chauffer la maison
- Les familles de pionniers faisaient souvent leurs propres vêtements et leurs meubles

- Les enfants doivent faire leurs devoirs d'école
- Les familles ont le temps d'avoir des activités à l'extérieur pendant l'hiver
- Les filles et les garçons aident leurs parents dans leurs tâches

**AUJOURD'HUI**

## Les familles d'aujourd'hui

- Les familles sont plus petites, de deux à quatre enfants
- Personne n'a besoin de travailler du lever au coucher du soleil
- Vivent dans des maisons de plus d'une pièce
- La plupart des familles d'aujourd'hui ne travaillent pas à la ferme
- Les maisons ont une méthode de chauffage moderne
- Les familles achètent leur nourriture, leurs vêtements et leurs meubles aux magasins

## DIAGRAMME

Il y a plusieurs différences entre les familles d'aujourd'hui et celles du passé. Il y a aussi des choses semblables. Le diagramme de gauche compare ces différences et ces similarités. Copiez le diagramme dans votre cahier. Essayez de penser à d'autres similarités et différences pour ajouter à votre diagramme.

Vous voyez que le diagramme montre que vous et votre famille avez des choses en commun avec les familles qui vivaient au Canada il y a plus de 100 ans.

# La sauvegarde du passé

Les familles de pionniers sont venues de loin pour vivre dans des régions non colonisées. Elles ont laissé leurs foyers en Angleterre, en France, en Allemagne, en Écosse ou en d'autres pays d'Europe pour venir au Canada. D'autres sont parties des États-Unis pour s'établir plus au nord. D'autres encore ont déménagé de l'est du Canada vers l'ouest. Les pionniers ont voyagé de longues distances pour s'établir sur des terres inconnues. Ils sont venus en bateau et en wagon jusqu'à ce qu'ils trouvent un morceau de terre où s'établir et commencer une nouvelle vie. La carte de la page suivante montre quelles parties du Canada ont été colonisées par les pionniers et quand ils sont arrivés.

Les colonisateurs loyalistes dans les Maritimes

**1** Les pionniers arrivent en Nouvelle-France, le Québec d'aujourd'hui, aux XVII$^{\text{ème}}$ et XVIII$^{\text{ème}}$ siècles.

**2** De 1760 à 1860, les familles de pionniers s'établissent dans les Maritimes et le Haut-Canada.

**3** Les familles s'établissent dans les prairies du Canada entre 1870 et 1914.

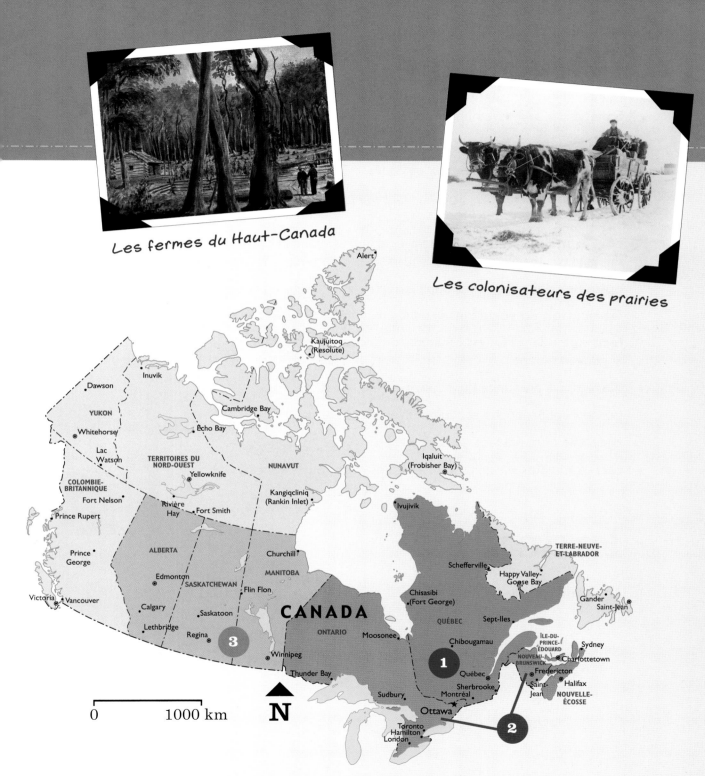

Les fermes du Haut-Canada

Les colonisateurs des prairies

Alert

Kaujuitoq
(Resolute)

Inuvik

Dawson

YUKON

Whitehorse

Lac
Watson

Cambridge Bay

Echo Bay

TERRITOIRES DU
NORD-OUEST

NUNAVUT

Yellowknife

Iqaluit
(Frobisher Bay)

COLOMBIE-
BRITANNIQUE

Kangiqcliniq
(Rankin Inlet)

Fort Nelson

Rivière
Hay

Fort Smith

Ivujivik

TERRE-NEUVE-
ET-LABRADOR

Prince Rupert

Prince
George

ALBERTA

Churchill

MANITOBA

Schefferville

Happy Valley-
Goose Bay

Edmonton

SASKATCHEWAN

Flin Flon

Chisasibi
(Fort George)

Gander
Saint-Jean

Victoria

Vancouver

Calgary

Saskatoon

CANADA

QUÉBEC

Sept-Îles

Lethbridge

Regina

**3**

ONTARIO

Moosonee

Chibougamau

ÎLE-DU-
PRINCE-
ÉDOUARD

Sydney

Winnipeg

**1**

Québec

NOUVEAU-
BRUNSWICK

Charlottetown

Fredericton

Thunder Bay

Sherbrooke

Saint-
Jean

Halifax

NOUVELLE-
ÉCOSSE

Sudbury

Montréal

**2**

Ottawa

Toronto
Hamilton
London

0        1000 km

**N**

# Glossaire

**baratté :** brassé vivement pour faire du beurre

**battre :** séparer le grain ou les semences du blé

**broussailles :** les arbrisseaux et vignes

**(en) conserve :** la préparation des aliments pour les empêcher de se gâter (de pourrir)

**corvées :** des rassemblements avec d'autres pionniers pour accomplir une tâche plus vite

**éplucher :** enlever l'enveloppe extérieure du maïs et d'autres fruits et légumes

**fabrication en série :** les produits manufacturiers faits en grande quantité

**fermage :** dans l'Ouest canadien, un morceau de terrain alloué au pionnier par le gouvernement

**filateur :** la personne qui travaille sur le rouet

**gossé :** coupé, rogné et sculpté avec un couteau

**récoltées :** ramassées (les cultures)

**terres natales :** les pays d'origine des gens ; où ils sont nés

# Index